8°
V
36.

COLLECTIONS

HVMANN

MEVBLES, TABLEAVX

FAIENCES, PORCELAINES, BRONZES

etc., etc.

MOULINS

CRÉPIN-LEBLOND, IMPRIMEUR-ÉDITEUR

—

1895

COLLECTIONS HVMANN

8° V 36

10396

COLLECTIONS

HVMANN

MEVBLES, TABLEAVX

FAIENCES, PORCELAINES, BRONZES

etc., etc.

MOULINS

CRÉPIN-LEBLOND, IMPRIMEUR-ÉDITEUR

—

1895

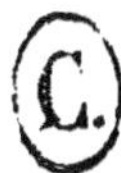

CATALOGUE

DES

OBJETS D'ART

ET DE CURIOSITÉ

*Meubles, Tableaux, Faïences,
Porcelaines, etc.*

COMPOSANT LA

Collection de M. Humann

Ancien Trésorier-Payeur général de la Nièvre

DONT LA

VENTE AUX ENCHÈRES

aura lieu à Moulins, rue de Lyon, n° 6,
le 18 Février prochain
et jours suivants, à 1 heure et demie,
par le ministère de Mᵉ SURBLED,
commissaire-priseur,
assisté de M. Francis PÉROT, expert.

EXPOSITION PUBLIQUE

à partir du 11 Février jusqu'au jour de la Vente.

CONDITIONS DE LA VENTE

La vente sera faite expressément au comptant.
Les acquéreurs paieront cinq pour cent en sus du
prix d'adjudication.

L'exposition, qui durera huit jours, mettant le
public à même de se rendre compte de l'état des
objets, il ne sera admis aucune réclamation une
fois l'adjudication prononcée.

M. SURBLED, commisaire - priseur, rue de
Lyon, n° 6, et M. F. PÉROT, expert, rue du
Jeu-de-Paume, n° 44, rempliront les commissions
des personnes qui ne pourraient assister à la vente.

On trouvera le Catalogue :

CHEZ LE COMMISSAIRE-PRISEUR

CHEZ L'EXPERT

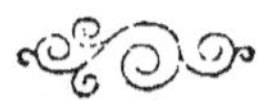

La Collection qui va se disperser a été formée depuis longtemps par M. Humann, qui, par ses fonctions, avait beaucoup voyagé.

Dans chacune des pièces de son château de Saint-Loup, près Decize (Nièvre), se trouvaient disséminés ces meubles, ces peintures, ces émaux, dont il ne cessait d'augmenter le nombre.

La réunion d'objets laissée par cet homme de goût est empreinte de son cacactère.

Meubles.

1. — Crédence en noyer Henri IV, deux
portes, deux tiroirs, pieds cannelés.

2. — Table noyer Henri IV, pieds tournés
et à boules, patins en X.

3. — Bureau noyer avec encadrement en
fresne, Henri IV, pieds à gaîne et patins
sculptés, douze tiroirs.

4. — Guéridon noyer, pied torse à filet.

5. — Meuble en marqueterie pour trumeau à
une porte, bronzes ciselés et dorés, dessus marbre.

6. — Meuble en marqueterie pour trumeau à
une porte, bronzes ciselés et dorés, dessus marbre.

7. — Petite table Henri IV, pieds torses, patin en X.

8. — Table à jeu Louis XV, bois noir.

9. — Guéridon noyer sculpté, le pied formé par une Moissonneuse.

10. — Table noyer Louis XIV, avec deux porte-lumières.

10 *bis.* — Commode de Boulle, Louis XIV, à trois tiroirs, en écaille polychrome, poignées, chutes en cuivre, ciselées et dorées.

11. — Cabinet ébène ivoire gravé, Renaissance italienne ; monté sur pieds tournés ; douze tiroirs fermés par deux volets.

12. — Table noyer Henri IV, avec patins en X.

13. — Bonheur-du-jour palissandre frisé fin Louis XV, médaillons et plaques en porcelaine de Sèvres, bronzes ciselés et dorés.

14. — Table Henri IV, pieds torses, les traverses ravalées de moulures.

15. — Fauteuil noyer sculpté Louis XIII, tapisserie moderne à la main, grands ramages.

16. — Idem.

17. — Idem.

18. — Table-bureau palissandre Louis XV, bronzes dorés ciselés.

19. — Table noyer style Henri II, pieds à colonettes et patins supportés par des boules.

20. — Toilette palissandre frisé Louis XV.

21. — Grande table ronde noyer entièrement sculptée, diamètre 1 m. 50.

22. — Canapé fin Louis XIV, bois très mouvementé, sculpté et doré, garni de damas de soie rouge.

23. — Petit bureau avec bandes d'ivoire gravé, travail espagnol du XVIe siècle.

24. — Coffre chêne, le panneau central entièrement sculpté d'ogives, fleurs de lys et choux frisés, XVe siècle.

25. — Guéridon noyer, dessus tréflé, le pied formé par deux petits génies, pampres.

Glaces.

---

26. — Glace, genre Louis XV, cadre rocaille.

27. — Idem.

28. — Grande glace, cadre en pâte et bois doré hauteur 1^m90, largeur 1^m15.

29. — Miroir de Venise Louis XIII biseauté ; cuivres repoussés et dorés.

30. — Miroir de Venise Louis XIII, biseauté ; encadrement en glaces biseautées ; cuivres repoussés et dorés.

31. — Glace de Venise biseautée, cadre sculpté et doré ; feuilles d'acanthe et rinceaux.

32. — Miroir Louis XIII, biseauté ; encadrement bois noir guilloché, ciselé et gravé.

Bronzes et Cuivres.

—

33. — Enochoë, vase en bronze, anse formée
de deux aigles.

34. — Théière terre brune avec émaux en
relief ; travail chinois.

35. — Mortier en bronze, bordure ornée de
lys ; bustes entre des contreforts.

36. — Mortier en bronze, bordure de lys ;
Vierge entre des contreforts.

37. — Presse-papier : chien en bronze sur
marbre.

38. — Ours en bronze signé QUESNEL.

39. — Deux flambeaux porte-lumières en
bronze doré, les pieds formés par deux
vases en vieux craquelé de Chine.

40. — Mortier en bronze, bord orné de lys ; bustes entre des contreforts.

41. — Enochoë bronze moderne.

42. — Lampe juive XVIIᵉ siècle, à huit becs en bronze rouge, tige ornée de réflecteurs, avec sa crémaillère.

43. — Deux petits flambeaux bronze à deux branches.

44. — Deux torchères style Louis XVI bronze doré.

45. — Idem.

46. — Idem.

47. — Flambeau tourne-mèche Louis XIII.

48. — Une paire chenêts bronze à boules ; mascaron dans le bas.

49. — Presse-papier : singe en bronze.

50. — Deux pieds de bureau en bronze, époque Louis XIV.

51. — Petit mortier en bronze, représentation de la Vierge et fleurettes.

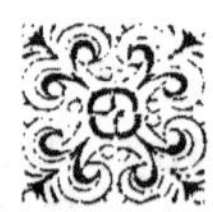

Pendules.

---

52. — Grande pendule Louis XIV, Boulle :
(hauteur 1 m.) bronzes ciselés et dorés.

53. — Pendule forme carrée, Louis XVI.

54. — Pendule Boulle avec console écaille
noire Louis XIV, bronzes dorés.

Emaux.

55. — Grand plat émail cioisonné de Chine
(diamétre 46 c.).

56. — Grand plat émail cloisonné de Çhine,
dessin varié du précédent.

57. — Bénitier émail de Limoges : « la Salu-
tation angélique », xviie siècle.

58. — Plaque en émail de Limoges forme
ovale : « la Toilette de Vénus » ; sur le
revers : un portrait ; xviie siècle.

59. — Plaque en émail de Limoges ; « Vénus » ;
derrière, grisaille ; xviie siècle.

60. — Email de Limoges « Sainte Catherine de
Sienne » ; xviie siècle.

Grès et Faïences.

61. — Pot à tabac en grès de Flandre, bouchon à vis en étain avec médaillons armoriés, XVIIe siècle.

62. — Grand pot à bière flamand, en grès jaune avec anse, couvercle étain. Compartiments représentant sept électeurs avec leurs écussons.

63. — Gobelet faïence de Nevers, décor bleu à guirlande, XVIIIe siècle.

64. — Deux coupes faïence imitation de Rouen.

65. — Pichet à anse, faïence de Nevers, décor polychrome : « la Vierge tenant l'enfant Jésus et un sceptre surmonté du bonnet phrygien ».

66. — Deux vases forme Médicis. Nevers moderne, blanc fixe.

67. — Pot trompeur, faïence de Nevers, XVIIIe siècle.

68. — Grande bouteille faïence de Nevers, avec deux têtes de bouc en mascaron, décor bleu et jaune, deux médaillons : l'un saint Antoine, l'autre saint Léonard, 1777.

69. — Statuette faïence de Nevers : saint Louis, manteau fleurdelysé, XVIIIe siècle.

70. — Vase faïence de Nevers, décor blanc fixe et jaune sur bleu, époque persane.

71. — Soupière faïence de Marseille, XVIIIe siècle, décor polychrome ; la poignée du couvercle formée d'un poisson et légumes.

72. — Pot-à-eau avec couvercle à charnière en étain, faïence de Nevers double armoirie, décor bleu.

73. — Potiche faïence de Nevers, décor bleu et manganèse : tradition japonaise, 3e époque ; (hauteur, 53 centim.)

74. — Gourde marinière faïence de Nevers, décor polychrome.

75. — Statuette faïence de Nevers :«un saint Evêque », décor polychrome, 1787.

76. — Lion faïence de Nevers, XVIIe siècle.

77. — Bouteille de pharmacie, faïence de Nevers, décor bleu.

78. — Pot à surprise, décor polychrome, xviiie siècle.

79. — Soucoupe faïence de Castelli, décor polychrome : « Amours. »

80. — Gourde faïence de Nevers, décor bleu genre Bérain ; xviie siècle.

81. — Buire faïence de Nevers, décor polychrome, xviie siècle.

82. — Lion faïence de Nevers, décor polychrome, xviie siècle.

83. — Idem.

84. — Assiette faïence de Nevers, décor polychrome, lion et armoiries au-dessus, xviie siècle.

85. — Autre assiette décor différent.

86. — Idem.

87. — Idem.

88. — Assiette faïence de Delft, armoiries au centre, décor bleu, xviiie siècle.

89. — Assiette faïence moderne, armoiries au centre.

90. — Deux vases en terre brune, montés à la main, avec émaux cloisonnés en relief — Travail ancien du Japon.

91. — Statuette de femme, porcelaine de
Saxe.

92. — Assiette porcelaine du Japon, décor
bleu et or.

93. — Deux sujets en porcelaine de Saxe.

94. — Soupière en porcelaine de la Cie des
Indes, bouquets et décor polychrome.

95. — Assiette plate porcelaine du Japon
décor polychrome.

96. — Assiette porcelaine du Japon, bord
festonné, décor bleu et or.

97. — Plat porcelaine du Japon, décor polychrome et doré.

98. — Tasse et sa soucoupe porcelaine dorée
avec buste de Henri IV, XIXe siècle.

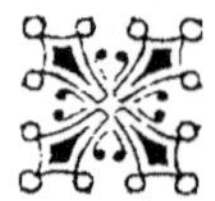

Peintures
Gravures et Aquarelles.

—

99. — « Jeanne d'Arc », petite peinture encadrée, XVIIIe siècle.

100. — Tableau, école de Lancret, portrait
de deux jeunes filles ; époque Louis XV.

101. — Grand tableau, Chasse, école fran-
çaise, XVIIIe siècle.

102. — « L'Adoration des Mages », peinture, école espagnole, XVIIe siècle.

103. — « Scène du mariage mystique (?) la
Vierge et l'Enfant Jésus, une reine, etc. »,
école espagnole, XVIIIe siècle ; cadre
sculpté en plein bois et doré, peinture
sur bois à parquetage.

104. — Portrait d'enfant, xviiie siècle.

105. — Portrait d'enfant, xviiie siècle.

106. — Portrait d'enfant, xviiie siècle. Un des enfants du roi Edouard.

107. — Paysage, xixe siècle.

108. — Paysage.

109. — Paysage italien, xixe siècle.

110. — Portrait de femme, xviie siècle.

111. — Petit paysage, peinture sur cuivre, xviie siècle.

112. — « Sainte Marguerite », peinture sur cuivre, xviie siècle.

113. — « Sainte Catherine », peinture sur cuivre, xviie siècle.

114. — Portrait du Pape Benoit XII, peinture sur cuivre.

115. — Deux gouaches : « Le Vésuve ».

116. — Marine, de Brughel de Velours, peinture sur bois.

117. — Paysage, attribué à Robert Hubert, xviiie siècle.

118. — Peinture sur bois, de C. Vernet, xviiie siècle.

119. — « Fileuse », école hollandaise, xviiie siècle.

120. — « Saint Antoine, » peinture sur cuivre, cadre sculpté, XVIIe siècle.

121. — « Le Christ portant sa croix » peinture sur cuivre, cadre sculpté XVIIe siècle.

122. — Tête d'homme, peinture du XVIIIe siècle.

123. — Cuivre peint sur deux faces : « Le Christ et la vierge russe » , XVIIe siècle.

124. — « La Sainte Famille, » peinture sur bois, cadre sculpté, XVIIe siècle.

125. — Aquarelle de CHOUPPE : « Moulin à vent ».

126. — Aquarelle de CHOUPPE : Paysage.

126 *bis.* — Grande gravure sous verre, encadrée : « Les Batailles d'Alexandre ».

Verreries,
Objets de curiosité
et d'étagère.

—

127. — Petit vase en verre de Venise, fleur épanouie, XVIIe siècle.

128. — Grand verre à pied gravé, de la Margeride, XVIIe siècle.

129. — Coupe en verre Murano, XVIIe siècle.

130. — Sucrier en verre, couvercle à vis, XVIIe siècle.

131. — Grand vidrecome en verre de Bohème (hauteur, 29 centim.), armoiries, décor polychrome, 1618.

132.—Tabatière bois sculpté : « le Jugement de Salomon », époque Louis XVI.

133. — Petit coffret chinois garni en étoffe, à deux poignées de cuivre.

134. — Porte-cartes en marqueterie nacre et étain, travail oriental.

135. — Pot à tabac bois sculpté, travail chinois.

136. — Petit coffret en cuivre gravé et doré avec poignées, époque Louis XV.

137. — Boîte à mouches émail de Saxe avec reliefs ; dans l'intérieur, paysage en camaïeu ; monture cuivre doré ; époque Louis XV.

138. — Petit flacon à odeurs, émail de Saxe ajouré, cuivre doré, époque Louis XV.

138 *bis*. — Boîte à mouches lapis-lazuli, couvercle en coquille, monture bronze doré, époque Louis XIV.

139. — Tabatière argent doré repoussé : « la Toilette de Vénus », de l'époque Louis XIV.

140. — Casque romain étain, moderne.

141. — Mosaïque florentine en marbres de plusieurs couleurs.

142. — Croix maronite bois ajouré, repercé, sculpté, représentant toutes les scènes de la Passion ; xviiᵉ siècle.(Une légende explicative manuscrite accompagne cet objet.)

143. — La colonne Foca surmontée d'un empereur romain en bronze.

144. — Petite momie égyptienne, statuette en terre vernissée.

145. — Deux lampes antiques en terre cuite.

146. — Deux coupes antiques terre rouge avec engobe noir, époque grecque.

147. — Vase à deux anses, engobe noir ; têtes et palmettes rouges.

148. — Six vases ou débris de vases antiques en terre cuite.

149. — Petit Enochoë terre cuite, moderne.

150. — Statuette en bois représentant un homme appuyé sur un bâton. Travail chinois ancien.

151. — Epée à garde Louis XV, poignée de fer.

152. — Boîte ronde entièrement sculptée posée sur un pied en bois de fer sculpté et ajouré, travail chinois.

153. — Sucrier en vermeil, premier Empire.

154. — Petit panier en filigrane d'argent, anse émaillée, travail chinois.

155. — Boîte en argent repoussé, XVIIIe siècle.

156. — Deux terres cuites modernes.

157. — Vide-poche en pierre ollaire, travail chinois.

158. — Deux poignards orientaux avec gaînes.

159. — Presse-papier : cerf en bronze sur socle marbre.

160. — Statuette de femme, bronze florentin, XVIIe siècle.

161. — Vide-poche marbre jaune de Sienne.

162. — Deux lions en marbre blanc sculpté.

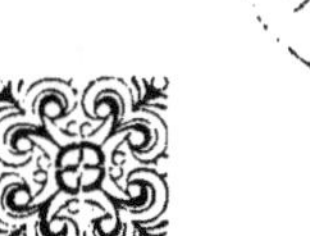
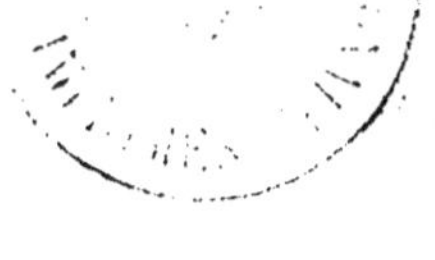

TABLE

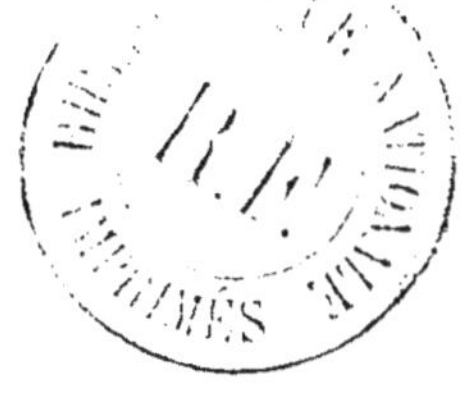

www.ingramcontent.com/pod-product-compliance
Lightning Source LLC
LaVergne TN
LVHW021656170726
843501LV00007B/2593